Andrea Ade

Kurzgeschichten

und längere Gedichte

Für Ursel

vielen Dank für deine Freundschaft
und die vielen tausend Gedanken
die mich immer weiter treiben
da kann man gar nicht stehenbleiben
höchstens mal
um mit dir zu verweilen
Geschriebenes ist mehr

als nur ausgefüllte Zeilen
dank(e) dir ♥

Andrea

Bibliografische Information der Deutschen National-bibliothek:
Die Deutsche Nationalbibliothek verzeichnet diese Publikation in der Deutschen Nationalbibliografie; detaillierte bibliografische Daten sind im Internet über http://dnb.dnb.de abrufbar.

© 2018 Andrea Ade

Herstellung und Verlag: BoD – Books on Demand, Norderstedt

ISBN: 978-3-7460-1131-8

kleine Welt

hier lebt was zählt
hier lebt die Freundlichkeit
und auch die Fantasie
hier lebt das wo und wie
und auch das oft bis nie
hier lebt was gar nicht sprechen kann
doch raus muss irgendwann
hier regiert nur das Gefühl
lebt hier im Asyl
das ist kleine Welt
in der man sich gefällt
hier lebt was zählt

Gedanken formen Worte
sprudeln aus sich heraus
kurze Geschichten
und längere Gedichte
aus Lebenslagen
sowie den Jahreszeiten
Mußestunden
Gedanken wandern
Auszeit **genießen**
Das wünsche ich DIR

Das Superweib

Peter sitzt im Sessel, es ist Sonntagmorgen.

Eine Tasse Tee hat Lotta vor ihn hingestellt, die soll er trinken und damit sein Magenleiden lindern. Nachdenklich sieht er aus dem Fenster, er hätte so gerne mal etwas mehr Stille, doch ewig und stetig ist Lotta im Haus zugange.

Es scheppert in der Küche, geräuschvoll zieht sie die Töpfe aus dem Schrank und wirft das Messer in die Spüle. „Mein Gott, so spät schon" jammert sie und hetzt an ihm vorbei, Kartoffeln aus dem Keller holen.

Nebenbei bekommt der Peter böse Blicke von ihr zugeworfen. „Ja, ja - da kannst du sitzen, dich zu Tode langeweilen – Hauptsache du hältst deine Frau in Gang: Putzen, kochen, alles regeln, bügeln und die Straße fegen" murmelt sie so laut vorm Küchenschrank und Peter kann es hören.

Sein Magen wird so eng und tut schon

wieder weh! Warum nur ist sein Leben ein einziger Demutsgang? Kein Lachen oder liebe Geste. Nur Zank und dicke Luft. Wo ist der Zauber dieser Frau geblieben und wer hat ihn verschluckt?

Vielleicht der Alltag, denn wir haben doch nur 0815 Sorgen und mehr als arbeiten kann ich nicht, denkt er, während er wie festgelötet in dem Sessel sitzt: Lotta flitzt nassgeschwitzt an ihm vorbei, Zwiebeln aus dem Keller holen, doch Peter ist das einerlei.

Er träumt, schaut aus dem Fenster, denkt an Sabine, diese tolle Frau. Morgen früh wird er sie wiedersehen. Im Bus tagtäglich fahren sie dieselbe Strecke zur Arbeitsstelle und letzte Woche haben sie sich endlich tiefer in die Augen gesehen.

DA GEHT WAS … denkt der Peter

und schlingt eine Stunde später
den Sonntagsbraten in sich rein ….

Kennengelernt

Peter und Sabine ziehen gemeinsam schwungvoll die Ladentür auf und herzhaft lachend betreten sie den Raum. Seit vier Wochen sind sie ein Paar und können gar nicht von sich lassen. Frei in den Gedanken ist hier keiner mehr. Der Kopf notiert von früh bis spät glücklichste Gefühle – der Kopf, er spinnt, ist angeregt und übermütig ziehen Peter und Sabine durch die Zeit. Verliebt und selig und auch lustig gibt es nur noch sie - so fühlt sich ihre momentane Empfindsamkeit.

Sabine drückt den Peter in die Kissen und angelt sich ein Kleid. Es glitzert, ist besetzt von lilagrünen Pailletten und aufgestickten Perlen. Sie seufzt, lächelt Peter glücklich an. Der richtet sich im Sessel auf und will grad etwas sagen, doch nur der Mund geht auf.

Da ist Sabine schon verschwunden und zwängt sich in das schicke Kleid. Die Verkäuferin sieht Peters Blick – er ist verzweifelt, doch was soll sie tun? Sie denkt auch an ihr mickriges Monatsgehalt und die dicke Provision, hilft Sabine in das enge Kleid und zwängt und schnürt - der Peter ruft: "wann ist es denn so weit?"

Du könntest ja eine Nummer größer nehmen, dann ginge es viel schneller. Der Humor hängt fast am Galgen, so tonlos wird der ganze Raum. Hysterisch lacht jetzt die Verkäuferin und ihr Verstand, der zischelt: "Das wird nichts mit der Provision."

Lieblos und gereizt steht jetzt der Peter auf. Sagt, er will gehen. Sabines aufgesetztes Lächeln bleibt in ihrem entsetzten Gesicht stehen. Als Goldfisch steht sie nun vor der Kabine in diesem lächerlichen Kleid. Besonders wertvoll sieht sie trotz Perlen und Pailletten für den Peter trotzdem nicht mehr aus.

Das Mädchen und die Sonne

Es war einmal ein kleines Mädchen, das liebte die Sonne so sehr. Wenn frühmorgens der erste Sonnenstrahl durchs Kinderzimmerfenster drang, sprang sie auf und während ihre Eltern noch schliefen, saß das Mädchen schon am Fenster und sprach mit der Sonne. Erzählte seine Träume und was der Tag so bringen mag. Ganz allein waren sie, die Sonne hörte ihr zu und das Mädchen war glücklich. Seine geheimnisvolle Freundin begleitete sie an vielen Tagen. Strahlte, wenn sie im Gras lag oder kitzelte sein Gesicht und ließ die Vögel besonders schön singen.

An grauen Regentagen hielt sich die Sonne bedeckt. Das Mädchen verstand, die Sonne ist krank, das bin ich ja auch schon mal. So ging es spielen, dachte dabei an die Sonne, aber die war ja krank.

Im Herbst war es anders. Wenn die Sonne kam, war sie so schön. Dann raschelte das Mädchen im Laub, suchte

Eicheln und Blätter und sprach mit der Sonne über sein Leben. In dieser Zeit war die Sonne oft krank, das wusste das Mädchen und bastelte in den grauen Tagen mit Eicheln und Blättern, was dann auf der Fensterbank stand. Die Sonne sollte es doch sehen!

Der Winter war immer lang und die Sonne wochenlang nicht zu sehen. Aber das Mädchen verstand: Die Sonne hat Urlaub, wie der Papa im Sommer. Wohin sie wohl ist? Da gibt es Kontinente, in denen die Sonne immer scheint. Besucht sie die Freundin? Scheint mit ihr zusammen? Geduldig wartet das Mädchen, liest ganz viele Bücher und malt täglich der Sonne ein Bild. Ein ganzes Album ist so entstanden.

Im Frühjahr lacht die Sonne wieder am Morgen, weckt das Mädchen mit warmen Strahlen und blättert nebenbei in den Bildern. Stolz zeigt die Kleine ihren gesammelten Schatz und freut sich:

„Endlich bist du wieder da...
meine liebe Sonne"

Ich will so bleiben wie ich bin

Bald jede Titelseite ziert eine dieser Erfolgsgeschichten. Paula F., Christa D. und wie sie alle heißen haben es geschafft. 25 Kilo weniger klettern sie stolz in ihre übergroßen Hosen, die irgendwann auch einmal passten.

Natürlich freuen wir uns mit. Wir? Wir sind die, die es in den Augen der anderen nicht schaffen aber trotzdem mit einer gehörigen Portion Selbstbewusstsein durch den Tag laufen. Ganz schön rund – na und? Doch das war ein langer Weg, denn auch wir haben eine Geschichte, ……… eine Vorgeschichte, die sich im Irrgarten unzähliger Diätversuche wiederfindet, aus vielen Tiefen und schwarzen Löchern der Misserfolge immer wieder an Licht finden musste.

Aber eines Tages hat der Magen die Nase voll. Gebeutelt von Fressattacken und Hungertagen bittet er den Verstand um ein Gespräch: "Ich kann nicht mehr" weint der Magen. Der Verstand schaut ihn verlegen an. „Was soll ich denn tun? Da ist so viel Druck von außen. Du siehst sie ja nicht, die Blicke, die man uns nachwirft, und jeder tuschelt etwas anderes. Ich kann das nicht mehr hören."

„Aber DU denkst doch immer ans Essen" jammert der Magen „und ich muss darunter leiden!" So sprechen Sie bis tief in die Nacht und fällen gemeinsam eine wichtige Entscheidung. Am nächsten Morgen wird die Diätfalle im Kopf abgeholt und entsorgt.

So in etwa muss die Befreiung gewesen sein! Es wurde Platz geschaffen für viele andere gute Gefühle, der Salat steht jetzt auf dem Tisch, weil er schmeckt und wenn sich heute jemand nach uns umdreht, könnte das auch ganz andere Gründe haben.

Sonntagmorgen

die Kirchturmuhr schlägt acht, als Lore in ihrem Bett erwacht. Still ist es nach dem Geläut und Lore wird nicht richtig wach. Ihr Bett ist frisch bezogen, es riecht so frisch und Lore träumt von früher – träumt von Nacht …und ihrem Mann dem Erwin – so sehr hat sie geliebt und gern gelebt mit ihm. Die ganze Woche harte Arbeit und Samstag war dann der schönste Tag.

Den Bürgersteig gefegt, das Auto blitzeblank gewaschen, ausgiebiges und langes Baden – dann endlich kam die Nacht. „Schluss jetzt", denkt Lore und steht energisch auf. Kalt ist es in ihrem kleinen Zimmer, in dem sie nun schon Jahre wohnt. Hier bekommt sie sogar ihr Bett gemacht und fühlt sich oft einsam und allein. Doch heute nicht! Denn heute ist Sonntag und der ist immer schön.

Voller Enthusiasmus wird sie heute Mittag den Rollator in Richtung ihres Stammlokales schieben. Rita und Mechthild warten dort schon vor der

Tür und gemeinsam fallen sie dann ein.
Der Rollator wird versteckt und
Giovanni hilft ihnen aus den Mänteln.
Die erste Bestellung ist ein Gedeck:
Bier und Cognac, hach wie das
schmeckt. Sie prosten und lachen über
die Gesichter links und rechts und la-
chen gern noch lauter nach dem zwei-
ten Gedeck.

Dann kommen Schnitzel, Pommes und
noch ein schnelles Bier. Der Tisch ganz
rechts, lustig wie sich da alle verdrehen
– wollen jede ihrer Bestellungen sehen.
Vor dem Nachtisch dann das letzte Ge-
deck weil sonst der Nachtisch gar nicht
schmeckt.

So wird jeder Sonntag hier verbracht,
es wird getrunken und gelacht. Um
15.00 Uhr kann keine mehr von ihnen
richtig stehen, doch der Rollator wird
den Gang schon übernehmen. So tor-
keln sie nach Hause – lallen – fallen –
gleich aufs Bett.

Was war das wieder schön.
Rita und Mechthild sind richtig nett …

Auf Spur

Walter ist nassgeschwitzt
im Unterhemd steht er ganz vorn
und schaufelt um sein Leben
die Dampflok braucht die Energie
sie benötigt Walter irgendwie

Tagein – tagaus, so schaufelt er
doch hält die Lok am Bahnsteig an
raucht Walter dann und wann
schaut aus dem Führerhaus heraus
die schönen Fräuleins schauen gerade-
aus
und würdigen ihn keines Blicks
doch hinter ihnen ertönt Walters Pfiff
am liebsten er sie in den Hintern kniff

Dann schaufelt Walter wieder
die Lok, sie geht auf Fahrt
Tagein – tagaus tut Walter das
kein Mädel schaut ihn an

Doch eines Morgens sollte es so sein
das schönste Fräulein läuft heran
und …… schaut den Walter an
sein Blick, er zuckt, will sich verstecken
noch nie hat Eine das getan

verdutzt schaut er - sie lächelt ihn jetzt
an

Walter wird rot, doch Ruß verdeckt ge-
schickt sein ganz verlegenes Gesicht

Sie wirft den Kopf zurück und federnd
wippt der erste Schritt, eilt nun von
dannen

„Heute Abend will ich wieder mit" ruft
Sie

**„und hoffe, Sie fahren dann auch
noch Schicht"**

besser Essen

Olaf steht verzweifelt am Esstisch seiner Küche und starrt mit aufgestützten Händen auf die Werte des ausgedruckten Blutbildes. Der Arzt hatte es ihm mitgegeben heute Morgen und machte dabei ein sehr besorgtes Gesicht. „Sie müssen unbedingt etwas ändern" drängt er nachdrücklich. „Sie sitzen mittlerweile gesundheitlich auf einem Pulverfass – so hohe Triglyceride und den Zuckerspiegel sollten sie jetzt stündlich kontrollieren. So können sie nicht weiterleben …"

Olaf seufzt und sieht sich in der Küche um. Blitzblank wie immer ist sie und der Herd sieht aus wie neu. Ist ja kein Wunder, denn Petra, seine Frau, kocht ja nie. Vielleicht mal ein gekochtes Ei am Morgen oder Spagetti Bolognese. Tüte auf – ist ja schnell gezaubert. Dabei isst Olaf so gern und viel, kennt deshalb jede Dönerbude und für ein leckeres Angebot als Mittagsmenü ist ihm kein Weg zu weit.

Wie komme ich bloß raus aus diesen Teufelskreis, denkt Olaf sich und blättert dabei im Prospekt. Dabei fällt sein Blick auf die Billigvariante des hochgepriesenen „Thempofix". Für 199,00 Euro geschontes Garen und den Werbespruch LEBEN SIE AB HEUTE DOCH MAL GESUND liest er da und seine Neugier ist geweckt. Fisch und Fleisch, Suppen, deftig oder leicht springen die Rezeptvorschläge fast aus dem Prospekt.

Er seufzt nochmal. Der Petra, seiner Frau würde selbst so ein Gerät zur Qual, hasst sie doch das Kochen will die Küche sauber. Kein Fett das spritzt oder Krusten schrubben auf dem Herd. Dabei wäre dieser „Thempofix" genial und Olaf denkt plötzlich – warum soll er nicht mal?

Springt auf, verlässt die Wohnung, zwei Stunden später kehrt er zurück. Tüten über Taschen und …. den „Thempofix".
Schnell ist alles ausgepackt. Möhren, frische Bohnen, Kartoffeln, Fleisch und auch Gewürze. Alles stellt er auf den

Küchentisch, packt dann die Neuerwerbung aus. Ein Kochbuch ist ebenfalls dabei und sorgsam schält er jetzt Kartoffeln, wäscht das Gemüse und schneidet Fleisch dabei. Er macht es so, wie es im Kochbuch steht und ist sehr aufgeregt. Alles geht gut von der Hand und landet in dem „Thempofix" – den Deckel drauf – in 20 Minuten soll es fertig sein – sein erstes Gericht: Petra steht auf einmal in der Tür und ist entsetzt: „wie sieht es hier denn aus?"

Olaf räumt schnell alles auf, stellt 20 Minuten zwei Teller auf den Tisch, Petra fallen fast die Augen raus – wie göttlich das doch schmeckt!

Schmetterling

zart flatterst du
anmutig die Flügel
blind im Vertrauen
besetzt jede schöne Blüte
bis das Fangnetz dich erwischt
und die Nadel dein Herz durchsticht
jetzt klebst du leblos am Brett
zwischen Brüdern und Schwestern
nennst dich nun Sammelstück
doch zumindest wird
deine Schönheit niemals sterben

so aufgespießt
wie du jetzt bist

Alles über Würmer

Sabinchen kommt nach Hause. Endlich Schulschluss und sie freut sich so auf den Nachmittag. Heute sind alle verabredet und wollen sich um 15.00 beim Brunnen im Park treffen.

Voller Vorfreude schließt sie die Haustür auf, doch gleich darauf vergeht ihr das Lachen: Der kleine Flur ist vollgestellt mit Wannen, Eimern, Schüsseln. Die Mutter, hochrot in ich ihrer Kittelschürze, zieht nassgeschwitzt die Töpfe in der Küche hin und her.

„Oh Sabinchen – ich bin so froh, dass du jetzt kommst. Schnell, zieh dich aus, ich habe dir ein Brot gemacht und dann hilfst du mir bitte. Der Onkel Hans hat so viel Obst heut früh gebracht. Das muss jetzt schnell verarbeitet werden, sonst werde ich gleich verrückt.‟

Sabine kneift die Lippen fest zusammen. So ist ihr Leben – immer und immer geht irgendwas daneben. Sie lacht heute jedenfalls nicht mit im Park. Das war ja wieder klar.

So schluckt sie an dem Butterbrot und dann geht's los. Mit einem *Knippchen* Äpfel vierteln oder teilen, die Kerne schneiden und auch der Stil muss weg. Die Würmer dürfen auch nicht bleiben, doch die kann Sabine nicht kaputtschneiden. Das kann ihr Bruder dafür umso besser und ihm macht das auch Spaß, aber der will ja auch nicht in den Park.

Wanne um Wanne, dann die Eimer – um fünf ist es geschehen. Endlich sind sie fertig. Sabine kann es nicht mehr sehen. Die vielen Würmer hoffentlich hat ihr Bruder sie auch alle rausge-schnitten.

Sie kann es nicht wissen und traut ihm nicht und bei jedem Einwegglas das sie aus dem Keller holt muss sie an die Würmer denken!!!!!!!!!!

Lecker Nachtisch…

Fette Beute

die Fliege summt
und sehnt sich nach 'ner Pause
da vorne glitzert was im Morgentau
sie fliegt heran und
setzt zur Landung an

blitzartig wird ihr klar
dass dies die letzte Landung war

Der Spinnenmann, er eilt heran
versteckt sich hinter einem Blatt
sieht seelenruhig der Fliege zu
wie sie sich immer mehr verstrickt
und während die
von Panik jetzt erstickt
nähert sich der junge Mann

der Tag läuft gut – so denkt er sich
die Fliege hat's jetzt hinter sich
da krabbelt eine Spinnenfrau heran

der Spinnenmann fühlt ihren Blick
und dreht sich langsam um
Da steht sie wunderschön
mit langen Beinen
schaut ihn verlangend an

er seufzt - sie schlägt
die Augen nieder
er tritt zur Seite
ist schließlich auch ein Mann
kokett greift sie zur Fliege
und fängt zu essen an
der Spinnenmann
stöhnt vor Vergnügen …
was ein Spinnenglück
im Morgenlicht – denkt er
bevor die schöne Spinne
ihm sein Augenlicht zerbricht

„Die doofe Fliege"
denkt Frau Spinne
war doch nur der Anfang
denn neben ihr
liegt jetzt der Hauptgang
der fette Mann
macht sie so richtig satt
und sie setzt sich auf das nächste Blatt
will sich nochmal die Lippen lecken

da kommt ein Vogel angesaust
er pickt sie auf
und bringt sie in sein Nest
die junge Brut sie jubelt
was für ein Fest!!!

ganz nah

Ich fand dich im Laternenlicht
auf einer Bank
du sahst so traurig aus
mein Schritt, er stoppte jäh
ich konnte nicht vorbei an dir
das hätte ich nicht überlebt
in dem Moment war das so klar
und deshalb setzte ich mich neben dich

Du schautest gar nicht auf
ein Häufchen Elend saß da neben mir
der Kloß in meiner Kehle saß so tief
er wollte nicht heraus
und plötzlich lag meine Hand in Deiner
fest und stark so war mein Griff
zog dich zu mir herauf

Dein schwarzes Haar – es glänzte nass
liefst du jetzt neben mir
und als ich meine Wohnung aufschloss
ganz zaghaft nur dein Blick – noch leer
ein Brot, ein Tee, ein Sofa für die Nacht
ich konnte es dir nicht verwehren...

Und heute Morgen schreckte ich
Angstgeschwitzt von meinem Lager auf
Das alles ist jetzt 14 Jahre her
Du bist damals geblieben
ich gab dir einen Schlüssel
nicht für die Wohnungstür

Mein Herz es wurde weit
wenn ich in deine dunklen Augen sah
dein schwarzes Haar in meiner Hand
dein Körper neben meinem
Seelenverwandt – so dachte ich mir
immer wenn dein Blick den Meinen
fand

Doch heute ist es kalt, der Raum so
leer - mich fröstelt, auch dein Buch ist
zu

Die Uhr sie tickt
und verletzt bis in die Seele
ruft mein Herz verzweifelt
deinen Namen
doch du bist nicht mehr da
dein Licht es brennt nicht mehr
jedenfalls nicht mehr für mich
ich fühle mich ALLEIN

der Pianist

Eben noch im seichten 50+ geschip-
pert, hängt die Idee plötzlich am Ha-
ken.
Es gibt Tage, die stehen unter einem
besonderen Stern.

Ich bin Peter. Die Sternenkunde als
Steckenpferd, liegt mein Schwerpunkt
in der astrologischen Lebensberatung.
Vor zwei Jahren lernte ich auf einem
Esoteriktreffen eine Frau kennen.
Nachdem wir uns etwas vertrauter
wurden, bat sie um eine Lebensbera-
tung, und lud mich dafür zu sich nach
Hause ein.

Nach dem Gespräch fiel mein Blick auf
ein sehr altes Klavier und ich sagte zu
ihr, „so ein altes Klavier macht sich
wunderbar als Deko", worauf sie erwi-
derte: „Nein, nein, ab und zu spiele ich
auch darauf."

„Kannst du Klavier spielen", fragte sie
mich und ich verneinte „aber ich hätte

es für meinem Leben gern gelernt."
„Kein Problem, das kann ich dir bei-
bringen", lachte sie.

Ab diesem Tag gab sie mir Unterricht,
lehrte mich die Notenkunde und wir
begannen Kinderlieder einzustudieren.
Einmal die Woche zum Unterricht, an-
sonsten üben, üben, üben. Ich hatte
mir ein Stage Piano zugelegt und konn-
te mein Glück kaum fassen. Ein längst
vergessener Traum ging in Erfüllung.
Die Nachbarn waren übrigens froh, als
ich langsam anfing, etwas besser zu
spielen.

Auch die Unterrichtsstunden wurden
mir immer lieber. Wir kamen uns nah
und näher. Nicht nur die Esoterik ver-
band uns, bei Tee und Keksen ging uns
der Gesprächsstoff nie aus. Zum
Schluss knisterte es förmlich auf dem
Klavierhocker zwischen uns. Ihr Mann
zog dann irgendwann den Stecker und
ich stand mit einem musikalischen
Halbwissen auf der Straße. Aber die
Glückssträhne hielt an.

Der neue Lehrer war jetzt männlich und zarte 16 Jahre alt. Für eine halbe Stunde Unterricht bekam er 5 Euro und zeigte mir dafür die Welt der Töne. Sein Schwerpunkt liegt im Blues und Jazz. Seitdem spiele ich mit wachsender Begeisterung Melodisches, Blues, Dinner Jazz und kann an jeden Flügel ganz schlecht vorbeischreiten.

Es ist nie zu spät mit etwas zu beginnen, denn auch Flügel kann man dann und wann mal sehen und auch spüren

...

Die Sahneschnitte

Montagmorgen – Stille im Haus
die Tür geht auf – und sie kommt raus
ganz in Weiß – wie jeden Tag
das ist die Farbe – die sie mag
weiß wie die Unschuld – engelgleich
sind ihre Augen doch
kohlrabenschwarz:

Im Kostüm zierlich Fuß vor Fuß gesetzt
tritt sie nun auf die Straße hinaus
bückt sich, zieht die Strumpfnaht glatt
der Rock so eng, sie kann kaum gehen
tippelt mühsam und versucht elegant
auf dem Bürgersteig zu stehen.

Sie spürt die Blicke der Andern
um sich wehen
doch nein, sie wird sich nicht
nach ihnen drehen.
Stolz schreitet sie voran
fest davon überzeugt
dass man ihr die 90 Jahre
gar nicht ansehen kann!

Herbst UPS

Der Apfel lacht
hängt noch am Baum
doch der Pflückkorb
nimmt ihm seinen Lebensraum
er freut sich – fällt jetzt
in den Korb und fühlt
zum ersten Mal Kontakt
in der Berührung
zu Brüdern oder Schwesterlein
Sein Mund – er lacht
die Augen blinkern
dort hinten sieht er Otto
mit den Augen zwinkern
Sein Freund ist hier, doch
immer mehr fallen
über ihre Köpfe her
Äpfel rollen fallen kullern
es werden immer mehr
der Apfel säße jetzt
gern an einem Meer
allein
mit seinem Freund dem Otto
denn hier
so wird ihm langsam klar
stimmt was nicht
auch Otto ist jetzt nicht mehr da!

Das reicht – wir fahren jetzt zur Presse
hört er nun eine Stimme sagen

Jetzt wird ihm Angst
und in rasanter Fahrt
geht's los, die Wälder fliegen
und dann noch auf die Autobahn
Ihm ist so schlecht
doch die Gedanken überlegen
PRESSE – was sagt ihm das …

Er hat zwar nur am Baum gehangen
aber immer aufgepasst
bekam viel
aus der Zeitung vorgelesen
wenn die Familie nachmittags
in seinem Schatten saß
vielleicht geht es hier
um einen Bericht
und alle müssen gleich
ein Interview geben

Loki und Greta

und wieder sitzen sie zusammen. Fast täglich laufen sich die beiden über den Weg. In der letzten Zeit haben sie damit angefangen, sich für eine Weile gemeinsam hinzusetzen. Auf eine Bank oder eine Wiese, manchmal auch ins Kur Café.

Die beiden kannten sich vom Sehen. Doch eines Tages blieben sie im Kurpark nebeneinander stehen und lachten laut. Sie lachten bis ihnen die Tränen über die Wangen liefen und mussten sich dabei immer wieder ansehen.

Eine Entenmutter mit ihren frischgeschlüpften Entenkindern watschelte Richtung Bodensee und Greta und Loki blieben zufällig nebeneinander stehen um dieses Bild hingerissen in sich aufzunehmen.

Die ersten Badeversuche dieser kleinen Entlein – so unbeholfen trieben sie anfangs hin und her – die Mutter hatte alle Hände voll zu tun, doch wurden sie ganz schnell sicherer und jagten sich nun hinterher.

Greta und Loki lachen so darüber, lachten sich die Seele frei und obwohl sie sich nicht kannten, gingen sie danach noch einen Kaffee trinken und liefen von diesem Tag an nie mehr aneinander vorbei.

Sie suchten sich nicht
sie fanden sich nicht
ihr Weg war die Zeit
und dann war es soweit

Lästerschwestern

„Also mein Gefühl sagt mir, da stimmt was nicht."

Greta nimmt noch einen Schluck Kaffee und hinter Sabines Stirn arbeiten fieberhaft die Gedanken.

„Aber doch nicht der Udo" – Sabine ist entsetzt. „Doch" meint Greta ganz bestimmt – „ich habe es doch gesehen. Richtig gut hat er ausgesehen und was haben die beiden gelacht. Ganz zärtlich hat er sie angelächelt, dabei leicht den Arm an sie gedrückt …" Sabine windet sich, will es so nicht sehen: „Sicherlich haben sie sich zufällig getroffen und sind ein Stück gemeinsam weitergegangen."
Die Schwestern werden stumm und jede hängt jetzt ihren Gedanken nach.

Jeden Nachmittag treffen sie sich im Café Noir auf eine Stunde - zum Tässchen Tee, Kaffee oder auch mal einen Prosecco – es ist immer schön, und

Themen sind auch dazu da, um sie mal an- und auszusprechen.

„Ach übrigens", sagt Sabine „heute Morgen habe ich beim Einkaufen Gabi getroffen. Die wird ja immer dicker und so ungepflegt wirkt sie: da würde ich aber nicht mehr auf die Straße gehen."

„Sie hat ja auch fünf Kinder. Es wird nicht einfach für sie sein" meint Greta beschwichtigend, legt gleich darauf aber ebenfalls gehässig los: „Bevor ich es vergesse, die Lena habe ich vorgestern gesehen. Na, die sieht vielleicht aus, du würdest sie nicht wiedererkennen, jeder Faltenhund ist dagegen schön."

Die Last der Unterhaltung geht schon mal auf Kosten aller anderen. Sabine und Gretas Gedanken wandern von einem hin zum andern und haben täglich neue Ziele und was nicht stimmt, wird passend gemacht. So sind die Lästerschwestern und jeder nimmt sich vor ihnen in Acht!

Sie merken all das nicht, sehen auch nicht die Bögen, die jeder um sie schlägt.

Sie lästern, für sie gibt es nur gestern!

Auf Morgen könnte man sich freuen, doch sie wissen jetzt schon, was sie morgen tun.

Sich treffen – und wieder lästern !!!

Die Luft ist raus

Zusammengefallen wie ein Kartenhaus
unelegant dahingestreckt
liegt alles so
wie wenn man dich morgens weckt
der Langzeitwert bringt es ans Licht
so siehst du in der Echtzeit aus
doch wer dich liebt
der sieht das nicht
schaut zärtlich hinter dein Gesicht
und streichelt deine Seele

Der Fürst und die Sennerin

Fürst Rene jagte im Galopp über die Felder und seine Silhouette warf lange Schatten in die untergehende goldene Abendsonne. Am Bachlauf zügelte er das Tempo und brachte sein geliebtes Pferd Napoleon zum Stehen. Behände sprang er ab und setzte sich geduldig auf einen Stein, während Napoleon seinen Durst im murmelnden Gebirgsbach stillte. Ungestüm riss sich der Fürst die Reiterkappe vom Kopf und strich nachlässig durch sein dunkles Haar das in wilden Locken unbändig fast bis auf die Schultern fiel.

Seine graugrünen Augen suchten den Weg, der zwischen den beiden Tannenwäldchen ins Dorf führte und ungeduldig fiel der Blick immer wieder auf die rotgoldene sündhaft teure Armbanduhr, ein Geschenk seiner Frau zum letzten wieder mal sehr freudlosem Geburtstag. So war Isa, und immer noch der Meinung, sie beiden wären wie füreinander geschaffen und nichts auf dieser Welt könne sich jemals zwischen sie stellen. Ihre kalte, lieblose und berechnende Art, wie hatte er sich vor Jahren nur so blenden lassen können. Seine Eltern unterstützten damals allerdings gewaltig diese Wahl und so sah er Isa einfach nur als perfekte wohlsituierte Partie und fand seinen Schachzug in Sachen Liebe einfach nur genial.

Rene schüttelte sich, nein, wollte nicht mehr daran denken und strich sich über die Stirn, als die junge Frau aus dem Tannenwäldchen gelaufen kam und sein Herz hüpfte vor Freude, seine Augen, er konnte sie sehen aber sich nicht an ihr sattsehen. Marie lief ihm einfach in die Arme und sie hielten sich eine Ewigkeit lang fest. Herz schlug an Herz und die Welt ging verloren, sie küssten sich und ganz verschämt zog Marie ihn an sich heran. Ihr Atem schmeckte nach Erdbeeren und die offenen braunen Haare rochen nach duftendem Heu.

Seine starken Arme hielten sie umfangen und Marie schmiegte sich eng an seine Brust, öffnete dabei sein weißes Hemd, roch den Duft auf seiner Haut und verlor fast die Besinnung als …

Schmonzettenleben

Hannah war auf dem Heimweg und es war noch weit vor Mitternacht. Wochenlang hatte sie sich auf diese Einladung gefreut doch jetzt sollte diese Nacht zu ihrem Schicksal werden und so wollte sie nur noch nach Hause.

Hannah war jetzt 18 Jahre alt und hatte eine schöne Kindheit verbracht. Alle Liebe dieser Welt wurde ihr von der Mutter gegeben, diese war stets und immer für sie da. Nichts war der Mutter wichtiger gewesen, als ihr Kind Hannah geborgen und doch vogelfrei zu erziehen. Einen Vater hatte Hannah nicht, aber vielen ihrer Freunde ging es ähnlich und deshalb vermisste Hannah nichts …. bis

bis zu dem Tag, an dem es an der Tür klingelte. Die Mutter öffnete und leicht zurückschreckte. In der Tür stand ein hochgewachsener attraktiver Mann im Anzug und grauem sehr gepflegtem Haar. Ein Hauch seines extravaganten Rasierwassers wehte zu Hannah herüber. Die Mutter stumm, so hatte Hannah sie noch nie gesehen, trat aber einen Schritt und ließ ihn ein. Im Wohnzimmer drückte sie ihn in den Sessel, wollte Kaffee brühen, bat mit schwacher Stimme, auf sie zu warten.

Sergei sah Hannah an. Diese Augen, es waren seine und Hannah sah das auch! Sprachlos setzte sie sich ihm gegenüber und starrte ihn nur an. Er ist mein Vater, was ein toller Mann. Sergei verfolgte ihr Minenspiel und es gefiel ihm, was dieses hübsche Mädchen hinter seiner hohen Stirn wohl über ihn dachte.

Das muss ich Ben erzählen, dachte Hannah, wenn wir gleich feiern gehen. Vielleicht kommt er nachher mit hinein und kann diesen tollen Mann dann auch noch sehen.

Sergei lehnte sich zurück und seine grünen Augen ruhten liebevoll auf Hannahs Mutter, die zurückkehrte und jetzt mit Kaffee das Wohnzimmer wieder betrat. „So lange haben wir uns nicht gesehen!" Sergei steht auf und nimmt die Mutter in die Arme. „Wir haben uns heute noch sehr viel zu erzählen."

Hannah sieht ihre Mutter strahlen als es klingelt und Ben steht vor der Tür. Sie schnappt sich ihre Tasche und ruft

„ich bleibe nicht lange – bin gleich wieder hier."

ALLEIN

Schon als ich geboren wurde, war ich ganz allein! Ich habe es sofort gespürt, da war niemand, es war so kalt und ich fühlte keine Liebe. So musste das wohl sein!

Mit diesem Gefühl wurde ich groß. Immer lästig waren meine Fragen. Niemand nahm sich Zeit, verdrehte eher mal die Augen: Was dieses Kind schon wieder will!

All' das spürte ich so sehr. Gab das Leben nicht mehr her? Für mich war da dieser lange Tunnel ohne Licht, mehr gab es nicht.

Allein und ohne Freude verbrachte ich unendliche Tage und wenn ich mal ins Zimmer kam, die Eltern lachten gerade, sahen sie mich erschrocken an. Versenkten die Gesichter in der Zeitung oder schliefen auf dem Sofa abrupt ein.

Keine Freunde, die mal schellten, sich auf dem Schulhof zu mir stellten. Alle hatten immer Spaß zusammen, doch ich stand ewig nur am Rand und sah, wie ihre Blicke mich angestrengt vermieden.

Was war mit mir? Warum war ich so anders? Doch für mich konnte ich nicht anders sein. Das ist mein Weg - ich bin allein!!!!

Schweißgebadet wache ich jetzt auf, bin froh herauszufinden aus diesem wirren Traum und ganz viele Kinder liegen mit im Raum. Ein Schlafsaal voller Waisen.

So auch ich und ganz entspannt lausche ich jetzt ihren Atemzügen. Drehe mich zufrieden um, kuschel mich ganz fest in meine Decke ein und schlafe glücklich wieder ein.

Ist doch nicht schlimm allein – mit *so* einer Familie leben – NEIN – da bin ich gern allein!

Lea in einer anderen Welt

Die Familie sitzt am Frühstückstisch und Mutter macht ein sehr besorgtes Gesicht.

„Am Wochenende baut die Kirmes wieder auf und bleibt 5 Tage hier" erzählt sie der Familienrunde. Lea kaut ganz aufgeregt, schluckt hastig ihren letzten Bissen runter, geht auf ihr Zimmer und träumt sich weit!

Weit weg von diesem Familienleben. Stattdessen im Wohnwagen durch die Städte ziehen. Leben ohne nachzudenken und jeden Tag in einer bunten Kasse sitzen, Musik bedienen, Chips verkaufen, so lässig kann ein Leben laufen.

Erwachsen tun und schön gestylt, wie alle Mädchen dieser Kirmeswelt. In tollen Sachen, schmuckbehangen, tiefschwarzer Augenschminke und lackierten Nägeln kann man sich wichtigmachen.

„Mitreisende gesucht" - immer hängt da dieses Schild. Am Zaun oder an den bunten Wagen.

Das würde Lea so gerne leben. Vagabundendasein auf kleinstem Raum – sie träumt davon und schläft darüber ein!

Die Mutter kennt ihre Träume zu genau, hat immer Angst um diese Zeit, dass Lea eines Tages wirklich geht und kann erst wieder atmen, wenn die Kirmes abgereist und Lea immer noch in ihrem Zimmer lebt.

Sie kreiselt durch das Leben

und eckt trotzdem überall an. Ist eher füllig untersetzt und braucht den nahen Bodenstand, wünscht sich deshalb auch so kurze Beine. Ihr Holz so alt, braucht keine neue Farbe. Effekte haben sich noch nie auf sie gesetzt. Die laufen immer gleich zum nächsten Kreisel, der damit dann durchs Leben hetzt. Effekte sind wie ein Fluch, schreien nur nach mehr, nichts ist ihnen genug.

Der lange gerade Weg war ihr zu schwer, der Kreisel fand irgendwann den Weg nicht mehr weil sie ihn unterbrechen wollte. Ließ sich einfach fallen, von andern Kreiseln eingefangen, hat sie dann Neues ausprobiert.

Ihr Wesen stets behalten, hat nur den Weg geändert, leitet sie heute eine eigene Kreiselsammelstelle. Die Familie kreist um sich herum und sie will nicht mehr fliehen. Übt fleißig jetzt, im festen Stand zu stehen.

Den braucht man dringend im Kreiselland

Auf einer Bank im Stadtpark

„Hallo DU!"

Irritiert blicke ich mich um? Wer spricht denn da? „Hallo", wispert es wieder von unten hoch. Wer spricht denn hier?

Ich sitze alleine auf der Bank im Stadtpark und weit und breit ist niemand zu sehen. „Hier unten liege ich", die zarte Stimme dringt jetzt hartnäckiger an mein Ohr.

Auf dem Schuh, da liegt ein Blatt und ich bücke mich zu ihm herunter. Tatsächlich! Es spricht mich wieder an und bittet mich, es hochzunehmen. Also wenn ich diese Bitte jetzt Folge leiste und mit dem Blatt ein Gespräch beginne, wird sehr wahrscheinlich in 5 Minuten der Krankenwagen durch den Stadtpark jagen und mich im einarmigen Jackett ins Spital transportieren.

Aber es ist gerade niemand zu sehen, so hebe ich es doch auf. Vorsichtig drehe und wende ich dieses Blatt von allen Seiten. Es ist braungemalt und wirkt auch jetzt noch sonnendurchflutet. Was ein lebloses schönes Blatt. Ich könnte es mit nach Hause nehmen und wie früher in einem Buch zwischen Löschpapiere legen. Getrocknet findet es bestimmt noch einen schönen Sinn. Man könnte es in einem Brief mitverschicken, als letzten Herbstgruß an die Brieffreundin.

Froh darüber, einen so kreativen Gedanken mit diesem kleinen Blatt zu erleben, vergesse ich darüber, dass es ja ursprünglich mit mir gesprochen hat. Aber kein Laut kommt mehr aus der Brieftasche in der es nun liegt, wahrscheinlich vor lauter Freude auf eine weite Reise ☺

Mittagspause ist vorbei, ich stehe auf und da beginnt das Konzert: „HALLO, HALLO, HALLO!"

Ich bücke mich zum nächsten welken Blatt. Es winkt mir herzergreifend zu und bittet: „ICH WILL AUCH MIT …"

Der Geburtstag

Ilse wird heute siebzig. Früh ist sie aufgestanden und barfuß durch den Garten gelaufen. Der Wind strich zärtlich um ihr Ohr, die ersten Vögel sangen, Ruhe und Frieden standen mit der Sonne zusammen, lachten und winkten ihr zu.

Später, nachdem Ilse nun ordnungsgemäß in ihrem rosa Kostüm steckte, ging sie nachdenklich durch das Haus, stieg die Treppe zu den Schlafbereichen hinauf. Hier hingen alle wichtigen Menschen, die ihr Leben durchzogen haben oder hatten.

Portraits der Eltern, Großeltern und Urgroßeltern sowie Ilse selbst mit ihren fünf Geschwister. Ihr Blick blieb an Richard hängen. Ihr ältester Bruder war schon in jungen Jahren aus dem Elternhaus geflohen. Da waren sie alle noch Kinder und Ilse wusste es noch wie heute, diese schreckliche Situation und verzweifelten Zeiten. Ihre Mutter war daran zerbrochen, der Vater wurde danach so still. Gerecht aber sehr streng hatte er diese ganze Familie in seinem Sinn beherrscht und dann war Richard geflohen und kam nie mehr zurück.

In manchen Jahren hörten Sie nichts, er blieb jedoch in der Nähe, gelernt hat er nie etwas, sein Geld immer nur als Aushilfskraft verdient. Er brauchte kein Bett, keine Wohnung, schlief überall. Unter den Bäumen im Sternenlicht schrieb er Gedichte, verlas sie aber nicht.

Ab und zu kam er nach Haus. In Brocken, zerlumpt, ohne Schuhe und ruhte sich dann richtig aus. Aß sich satt, bekam auch neue Kleider, saß abends im Mondlicht auf der Terrasse und erzählte Geschichten, die Ilse noch heute in den Ohren klangen. Belebt von Freiheit und Übermut lebte Richard in den Tag und war sich dabei selbst genug.

Ilse sah aus dem Fenster und richtete ihren Blick in die ferne Weite. Jahrzehnte war Richard nicht mehr dagewesen … Aber vielleicht kommt er heute vorbei!!!

Wolkentänze

Mutter Oberin kommt in den Stall
es ist noch früh am Morgen
und sie hat große Sorgen

Der Sturm hat angerufen und mitgeteilt
in ein paar Stunden wäre es soweit
er warte nur noch auf die Nacht
sie hat gesagt, sie käme gegen Acht

Wolken hat er jetzt bei ihr bestellt
doch wo um alles in der Welt
soll sie die jetzt besorgen
die Jugendwolkenschar fährt morgen
an den Titisee für ein paar Tage
und deren Eltern üben gerade
für das Turnier der Wolkentänze
und sind jetzt an der Ostseegrenze

Die Oberin, sie seufzt im Stall
der Sturm der hat doch einen Knall
all' das weiß er ganz genau
sie wird aus ihm auch nicht mehr
schlau

Die Schäfchenwolken rascheln
vor ihr im Heu
‚gemütlich machen' ist auch bald vorbei
denkt Mutter Oberin:

Wütend ruft sie den Sturm zurück
und sagt bestimmt
„du hast kein Glück‟

Alle Wolken sind doch aus
das wird heut' nichts
mit Saus und Braus
verschieben wir es
auf die nächsten Tage
die Wettervorhersage
stellt sowieso jeder in Frage

Ballspiele

Ich ziele und treffe dich mal wieder nicht. Als der Ball über deinen Kopf hinwegfegt, drehst du dich um, erkennst meine Absicht und lachst mich hämisch aus …

Du bist schnell und fängst den Ball, trippelst damit hin und her. Verunsichert beobachte ich dein Treiben und verwünsche mich dafür.

Meine Wut – du hast sie gleich erkannt und spielst jetzt mit Gelassenheit. Dein Blick sucht meinen und herausfordernd lässt du den Ball in deinen Händen tanzen.

Ich bin verwirrt – der Hass auf dich ist fort, du hast gewonnen und so trotte ich mal wieder einfach fort.

Ballspiele

Hin und her
das ist doch gar nicht schwer
Vielleicht wenn Kinder mit den Eltern …
das klappt doch gut
da darf das Kind vertrauen
der Ball wird nicht
mit fester Hand herausgehauen.

Ein schönes Spiel – Hin und Her, wa-
rum ist das im täglichen Leben
manchmal so schwer. Jeder schlägt mit
unterschiedlicher Kraft und das trifft
dich mitunter sehr …

Das Wort
auch ein verbales (Ball)spiel
Das Wort im Leben
immer hin und her
wir sind darin gefangen
– im Ping-Pong Ping-Pong -
Wort(ball)spiel

Schulzeit

war eigentlich nicht ihr Ding, aber gerade in der Runde gedanklich angeritzt, gab es doch auch schöne Zeiten.

Sport war Mord – der Eitelkeiten. Hier stand sie immer unter Strom und musste sich beweisen. Blut und Wasser schwitzen, bis sie an der Reihe war, um als Sack dann in den Ringen zu hängen, Rolle rückwärts, am Reck oder Stufenbarren, das Balancieren.

All' das bekam sie nur ganz unbeholfen hin. Es waren ihre peinlichsten Momente.

Kunst war doof, alle waren sich da einig – zumindest die ihr wichtig waren. Handarbeiten ging ganz gut, da mussten andere sich beweisen. Und der Musiklehrer, der schmeichelte ihr immer sehr, sagte oft, sie sei sein Musterstück und er wäre froh, dass es sie gibt.

Ansonsten fehlte jeder Tiefgang, kein Streben, kaum lernen, nur LEBEN.

Schlechte Noten waren hipp. Gute konnte schließlich jeder schreiben …

So gondelte sie durch die Schulzeit und träumte von der Zukunft, die sie bestimmt irgendwann mit offenen Armen und voller Begeisterung aufnehmen würde. Der Tag wird kommen, da steht das Leben vor der Tür und nimmt sie an die Hand, da gab es keinen Zweifel dran.

Doch ihre Eltern, sie wussten nichts von ihren ach so positiven Gedanken. Hier nannte man sie faul und ehrgeizlos, es gab Verbote, auch mal Prügel und immer wieder dieser Spruch

was soll aus dir noch werden

………………….. HOFFNUNGSLOS

tränenlos

tränenlos
ein ganzes Leben lang
es fehlt als Lebenselixier
ist Weinen
doch das Tor zur Seele
Durch das der Kummer
sich dann stehle
doch warum
KANN SIE
NICHT WEINEN
ist ihre Seele
deshalb hart
hat sie
ein Herz aus Stein

Sie sitzt auf dieser Bank am See
und schüttelt nur den Kopf
denn selbst die rote Abendsonne
versinkt in *ihrem* Horizont

… so gerne würde sie mal weinen

Der Weg mit Dir

Eines Tages zieht er in ihre Nachbarschaft.

Greta steht oft am Fenster und denkt an ihn – ihr guter Freund aus Jugendtagen: Vor 8 Jahren setzte er sie bei einem Streit vor die Tür und nun kann sie fast in sein Fenster sehen. Krank ist er, hat sie gehört, und das belastet ihre Seele sehr.

Und so steht sie eines Morgens vor seiner Tür. Ihr Herz schlägt bis zum Hals, aber Greta drückt auf diesen Klingelknopf. Er öffnet ihr die Tür, sieht sie lächelnd an, als hätte er auf sie gewartet und zieht sie sanft an sich heran. Sie spürt nur Knochen, gebrechlich steht er so vor ihr und bittet sie herein.

Greta bekommt Kaffee und fühlt sie nicht, die Naht, die 8 Jahre zwischen ihnen lag. Sie beide waren wieder wir!

Siedlerträume

Halt ruft Erwin. Ich will mit ins Bild.

Und schon baut er sich neben Grete auf, hat schnell noch eine Jacke mitgebracht! Verhärmt steht seine Frau und kann es wieder mal nicht lassen. Ein böser Blick zu Erwin, doch er, der merkt es nicht.

Im Gegenteil, Erwin richtet sich, streicht seine Jacke glatt, rückt nochmals an der Brille, schaut die Heugabel ratlos an und entscheidet dann, sie muss mit ins Bild. So ist er doch: Rechtschaffend, fleißig, sparsam, immer hilfsbereit, ein guter Mann, hat sich im Griff und mag die Grete seine Frau. Er lebt so gottesfromm, auch das ist sein Gerüst, stellt sich, sein Leben nie in Frage.

Die Grete hasst, und wer sie sieht, spürt das genau. Der erste Mann in ihrem Leben, musste es der Erwin sein. Grete ist so unzufrieden und fühlt sich oft allein.

Sie hatte Träume, Fantasien, wollte gern ein tolles Leben und fällt dann auf den Erwin rein.

Verkniffen lebt sie nun an seiner Seite und kocht und putzt, gelacht wird nie. Als brave Frau kann sie den Erwin nicht verlassen!

So grämt sie sich durchs Eheleben und würde ihm am liebsten täglich Gift ins Essen geben.

Auf dem Bahnsteig

Wie ein Häufchen Elend sitzt Helga im Wartebereich des Bahnhofs. Der Zug nach Salzburg hat Verspätung. Eine ganze Stunde soll sie jetzt warten.

Beim Info Point kann ihr niemand helfen. Bedauernd und geduldig erwidert die junge Service-Point-Fachkraft Helgas zornigen und aufgeregten Blick: „Es tut mir leid, da kann man wohl nichts machen".

Wütend zieht sie einen Kaffee und kehrt zurück auf ihren Platz. Es ist nun mal passiert. Eine Zwangspause hat ihr das Leben auferlegt. So sitzt sie jetzt mit diesem Kaffee zwischen Menschen, die furchtbar eilig nur an ihr vorbeirennen und gar nicht wissen, wie gut sie es in Wirklichkeit haben! Alle haben keine Zeit, ihr Leben steckt in Terminen, können diese aber auch wahrnehmen.

Auch sie hat eigentlich nicht diese Zeit und würde wieder gern dazugehören, doch muss jetzt Kaffee trinken, fühlt sich wie festgehalten, darf nicht weiter! Im Kopf spulen die Termine, das alles ist nicht mehr zu schaffen, sie weiß nicht weiter.

Seufzend lehnt Helga sich leicht zurück, als neben ihr ein weiterer Fahrgast wutschnaubend in den Sessel fällt.

Er regt sich auf, die Stimme laut erhoben, der Arm mit Uhr wird Helga vor die Augen geschoben.

Bin doch genauso ärgerlich denkt sie, doch sagt nichts und senkt den Blick, geduldig will sie warten:

Was will der nur von mir – der Affe? Noch ein Ton und ich mach' ihm die Giraffe …

Der kleine Junge

Er läuft durch den Park, im Purpurmantel, den er gar nicht mag. Sein Elfenbeingesicht wie zart, die großen Augen und das rote Haar, es leuchtet kupferfarben in der Abendsonne.

Dort hinten hinter einer Hecke sieht er jemand stehen. Angst hat er nicht, denn er läuft hin. Die Frau aus Stein, er kennt sie schon, kommt oft hierher wenn er mal reden will. So oft ist er allein, die Eltern sind viel aus. Mit der Kutsche gerade wieder weg, irgendwo gibt es sicher wieder ein Bankett und Martha, seine Kinderfrau lacht lieber mit den Burschen. Er wird von niemandem vermisst und packt in Ruhe seine Schätze aus.

Warum sie hier wohl steht, so stumm und alt, doch schön. Förmlich spürt er ihren Blick, bestimmt hat sie den ganzen Tag auf ihn gewartet.

Begeistert greift der kleine Bub in seine Taschen, bringt vier Steine heraus, legt sie behutsam ihr zu Füßen und strahlt.

„Schau, die habe ich dir mitgebracht. Sie sind aus Stein – wie du und wenn du Langeweile hast, kannst du damit auch malen. Das sind Taschen-schmeichler sagt die Marta, aber ich weiß nicht was das ist.

Ich möchte sie dir schenken, verstecke sie bitte gut, denn wenn die Martha sie vermisst, ich will nicht daran denken!

Und jetzt machs gut, wir sehen uns morgen und ich werde dir wieder etwas ganz schönes besorgen …"

Heimweh

Marianne sitzt im Zug und liest ein Buch. Hanni und Nanni im Pferdestall. Sie ist 9 Jahre alt und freut sich auf die Zeit. Die langersehnte Landverschickung. Und endlich nun, in diesem Jahr, ist sie jetzt mit dabei. Landschaften fliegen am Zugfenster vorbei, verändern sich, es wird zunehmend *flacher* und bald schon ist das Meer zu sehen. Nach Borkum geht's und endlich sind sie da. Was ist das aufregend.

Die ersten Tage gehen vorbei, wie auch die erste Euphorie. Sechs Wochen sind eine lange Zeit. Das Essen schmeckt nicht immer, auch hier muss man gehorchen und abends früh zu Bette gehen. Da kommen manchen Tränen und abends wird regelmäßig nun geweint. Frau Förster, tagsüber so streng, sitzt zur Schlafenszeit nun auf der Treppe und singt und spielt auf der Gitarre Lieder, die sie so kennt. Freddy Quinn ist auch dabei.

Marianne interessiert das nicht. Sie ist in einem Zimmer mit drei großen Mädchen stationiert, die sie bewundernd ausspioniert. Tolle Kleider in den Schränken, manch' eine hat auch Schminke mit dabei! So will sie auch mal werden, die Mädchen sind ja bald schon 12, tragen Minikleider, schreiben Tagebuch und viele Briefe mit gemalten Herzen nach zuhaus.

Die Zeit sie läuft, das Meer wird ihr vertraut und wenn Marianne abends im Bett zufrieden den Heimatklängen von Frau Förster lauscht, laufen auch in ihrem Zimmer nach spätestens drei Wochen rechts und links von ihr ungehemmt die Tränen der doch so großen Mädchen. Marianne ist erstaunt.

Das Essen wird nicht besser, es gibt Montags-, Dienstags-, Mittwochsessen. Jeder Tag in diesen sechs Wochen schmeckt gleich. Wer nicht mehr kann oder will, muss auf die Treppe und dort zu Ende essen, während andere Mittagsruhe halten müssen. Zwei Stunden strikte Stille inclusive Zimmerkontrolle, ob alle auch in ihren Betten liegen.

Jetzt fließen mittags schon die Tränen und keiner will mehr bleiben. Nur Marianne findet es immer noch ganz gut. In der Mittagsruhe kann man träumen, das ist doch gar nicht schlimm. Positiv ist sie und freut sich immer noch auf jeden neuen Tag,

WEIL SIE JA AUCH KEIN HEIMWEH HAT!

Kindheit im Nebel

Bei Nebel dürfen Kinder nicht raus. So steh' ich am Fenster und schaue hinaus. Es gibt ein Stück Schokolade und ich bin gerne drin. Draußen sieht es sehr unheimlich aus.

Da vorne war gerade ein langes Gesicht zu sehen und weiter hinten grinst hämisch' ne Fratze. Alles Dunkle kommt hoch, so kommt es mir vor, die düsteren Schwaden wabern nur so.

Ich habe Angst, nehme mir noch ein Stück Schokolade und beschließe, heute schaust du noch nicht mal mehr raus!!!

Tanzt ihr Schatten doch allein da draußen, ich setze mich lieber in meinen Spielzeughaufen.

Schnittblumenleben
oder der Anfang vom Ende

Ruhe da oben - ruft der Stängel streng. Die Blüten wispern aufgeregt. Endlich ist der Tag gekommen, soeben wurden sie geschnitten, aus dem Blumenbeet entfernt. So aufgeregt, klimpern mit den Wimpern und tuscheln, halten gegenseitig sich an feuchten Händen. Der Stängel ruft: hört auf da oben. Haltet fest, die Fahrt geht los! Wir werden jetzt gleich weggebracht.

Der Gärtner dreht und wendet die drei Stile. Es sollten doch die Schönsten sein. Doch einer davon ist ganz kahl an einer Stelle und fällt direkt in den Abfalleimer rein. Die Blüten schreien, der Stängel weint. Schon klappt der Deckel – das war ja jetzt ein schnelles Ende.

Die andern beiden Stile samt den Blüten sind wie erstarrt. Das neue Leben ist aber hart. Kein Laut mehr ist zu hören, als sie jetzt ins Wohnzimmer getragen werden.

Still und stumm, sie sehen Menschen in vier Wänden, die alle lachen und zusammen Musik machen.

Die Freude in dem Raum, die Blumen können sie spüren und starr vor Schreck denkt jede jetzt von Ihnen: „Wären wir doch lieber im Blumenbeet geblieben …"

Isolde und Johanna

Jeden zweiten Tag treffen sich die beiden Beamtenwitwen um 11.00 Uhr im renommierten Schlößchencafe zum Sehen und Gesehenwerden.

Fein gemacht, der Hut mit Krempe, nehmen sie dort Platz. Schmuckbeladen – angefangen bei dem Ohrgehänge, glitzern kostbare Juwelen in ihrem Dekolleté. Armbänder und Reifen klimpern an den Handgelenken und jeder Finger ist sorgsam mit Gold oder Silber bestückt.

11.00 Uhr ist von der Zeit her fast zu früh, denn es braucht Stunden, um sich für diesen Auftritt aufzurüsten. Toilette machen, Schlupflieder kolorieren und kaschieren, die reife Haut unter teuren Stoffen verstecken. Der halterlose Strumpf mit Naht, auch er muss sitzen. Die Frisur soll halten, wenn nicht, dann bleibt der Hut halt auf!

So wird es elf, die Zeit, sie rast, der Tisch ist reserviert, wie jeden zweiten Tag.

Puh – es ist geschafft! Isolde und Johanna nehmen gegenüber Platz, trinken nach dem ganzen Stress beherzt erst einmal einen Doppelkorn und nippen an ihrem *ersten* Wein.

aus der Welt
der *schönen Worte*

Gregor so stumm

Der sonst so lustige Lebemann
er fühlt sich leer, sein Herz ist stumm
und seine Seele schreit
Greta, seine Frau, sie ist gegangen
Im Nebel, der am Morgen kam
ist sie verschwunden
Ihr goldenes Haar, das lange Kleid
so schwebte sie von dannen.

Kein Blick zurück
als könnt sie's kaum erwarten.
Den Purpurmantel umgehangen,
schwang sie sich aufs Pferd.
Der Reiter küsste sie sehr aufgeregt.
Im leichten Trab haben sie sich
aus dem Staub gemacht.
Doch Gregor – er hat sie gesehen
als Greta sich
aus seinem Leben schleicht
da haben Bodendielen
knarrend ihn geweckt
die Eingangstür hat
quietschend ihn gewarnt
Doch er, er ließ sie gehen …
Nicht einen Brief ließ sie zurück …

Kalendergeschichten

Der kleine rote Kalender liegt auf dem Tisch, direkt neben dem grünen Ohrensessel.

Jeden Tag nimmt Thea ihren ersten Tee vor dem Frühstück mit an den kleinen Tisch, setzt sich bequem in ihren Ohrensessel und während die Morgensonne ihr in die Augen blinzelt, genießt sie den Tee und greift gewohnheitsmäßig mit der linken Hand zum roten Buchkalender, sucht blind nach ihrer Brille und schlägt ihn auf.

Sie blättert und findet die gesuchte Seite und was steht heute da? Da steht mal wieder nichts. Leer ist er, wie gestern + vor einem Monat + vielleicht sogar vor einem Jahr.

Thea ist allein, vielleicht steht deshalb da nichts mehr, denkt sie, legt den Kalender sorgfältig zurück auf seinen Platz auf diesem kleinen Tisch und nimmt noch einem Schluck vom heißen Tee.

Na gut, denkt Thea, wenn heute kein Termin ansteht, dann wird es ein sehr gemütlicher Tag.

Schwitze Ochsenbrust
niemals nur einfach

sagte Herta in ihrer bunten Kittelschür-
ze und haute ein großes Stück Fleisch
in den noch größeren Topf, füllte ihn
mit Wasser auf und stellte alles bei
kleiner Flamme auf den Herd.

Wir alle saßen an dem großen Küchen-
tisch und schauten stumm zu ihr hin-
auf. Die große stämmige Frau ver-
schränkte ihre Arme und sah uns prü-
fend an, witterte den Respekt, der ihr
entgegenkam. Doch sie lächelte nur
und holte eine Flasche Wein, stellte
Gläser auf den sauberen Tisch und
schenkte uns dann ein.

Draußen prasselte der Regen gegen
alle Scheiben und hier saßen wir, bei
einer Flasche Wein, froh einen Unter-
schlupf auf unserer Tageswanderung
gefunden zu haben. So langten wir
beim Wein kräftig zu und auf dem Herd
sang mittlerweile die Ochsenbrust in
siedend heißem Wasser. Wir klinkten

uns mit feuchtfröhlichen Klängen gern mit ein.

HERTA WAR FRÖHLICH – spätestens nach der dritten Flasche Wein.

Die Brust, sie sang und wir – wir lachten. Was für ein Spaß. Überall standen Menschen im Regen und wir waren hier:

- mit Herta allein!

Jetzt schnitt Herta noch Gemüse und hackte an der Ochsenbrust. Das zarte Fleisch zerteilte sie geschickt, gab es zurück in diesen Topf. Die großen Hände deckten schnell den Tisch und köstlich schmeckte diese Suppe:

Zum Regen, mit viel Wein, in diesem Haus allein

- mit Herta!

Ja, so ist das mit Sabine
sie organisiert niemals *nur* Essen
ALLEIN!

Der Mann im Koffer

Gedanklich packt sie ihm den Koffer als er davonstolpert. Hastig sein Schritt, schaut weder rechts noch links. Nur weg von hier aus diesem schrägen Bild, das er nicht fassen kann. So unkontrolliert scheint er zu schauen, doch weiß ganz genau, was er nicht will. Er will nicht hier sein und sitzt gedanklich schon daheim.

Bernd und Eva – eingeladen auf dieser Überraschungsparty sitzen ziemlich abseits vom Geschehen. Sie und er sind ganz allein. Die anderen Freunde sind krank, bekommen neue Hüften oder sind mit dem Koffer nach Wien. Wie in einer anderen Welt kommt Bernd sich vor. Da dampfen E-Zigaretten und dieser Lärm, den man hier Musik nennt, geht ihm kolossal auf die Nerven. Alle sind aufgeregt und trinken deshalb wohl so viel Sekt und mehr. Die Überraschungsparty hat noch nicht mal angefangen doch die Fahnen wehen schon nach Schnaps und Bier.

Bernd schnappt neben seiner Frau nicht nur nach Luft, er kann vor lauter Zigarettendampf auch nichts mehr sehen und macht jetzt zu. Er sagt zu ihr: „Wir fahren wieder heim, hier bleibe ich nicht, was machen wir denn hier?" Sie schaut ihn an: „das geht doch nicht! Ich jedenfalls …. ich bleibe **hier**". Hochrot ist sein Kopf als er zischt: „Ich fahre jetzt und du kommst mit. Wir passen hier nicht her!" Doch Eva schüttelt nur den Kopf, bleibt stur. Er wirft ihr 20 Euro auf den Tisch, steht auf und geht. Er flieht und alle bekommen das so mit. Zurück bleibt sie, steckt seelenruhig die 20 Euro ein.

So sieht er nicht die Tränen, die alle dann vor Rührung weinen. Er hört auch nicht das schöne Gedicht, so liebevoll wurde es vorgetragen. Er sieht auch nicht den Tanz, fühlt nicht die Freude aller, die sich Mühe machten. Herzlich und gemütlich ist die Stimmung, auch das erlebt er nicht.

Gegen 22.00 Uhr kommt Eva heim, muss klingeln, denn einen Schlüssel hat sie nicht. Beim nächsten Mal wird ihr das nicht passieren, schwört sie sich. Gemeinsam kommen und getrennt nach Hause gehen, daran muss sie sich erst gewöhnen!

ODER AUCH NICHT !!!

Liebster Blödmann

„Ich vergesse dich Nie und Nicht"
sagtest du mit Tränen in den Augen.
Ich versank in deinem Blick
und weinte bitterlich
als du davonschrittst

Es kam nie mehr ein Wort von dir
doch ich liebte dich so sehr
niemand war wie du
ich wies alle andern ab
in mein Herz hast nur DU gepasst

Und Du?
Machtest Greta dann den Antrag
Meiner Freundin aus den alten Zeiten
lebt sie nur zwei Straßen weiter
dort zogst du sofort ein
nach dem Theater
und ich dachte
du wohnst jetzt in Berlin
Spucken will ich jetzt und schreien
heute feiern alle Eure Hochzeit
und ich sitz hier ganz allein
Vielleicht zieh ich jetzt nach Berlin
weil ich mich so schäm
Hilfe - mein Herz ist tot
ich erschieße dich - du Idiot

Der Brief

fast vergessen – wer schreibt schon noch per Hand?

Wir hier z.B. in der Schreibwerkstatt und ab und zu noch Einkaufszettel, den man dann meistens doch vergisst – einfach auf dem Küchentisch liegen lässt:

Früher hatte man Papiervorräte, heute noch nicht mal einen Umschlag mehr zur Hand:

Zettel in der Schulstunde, die dann die Freundin bekam, darauf gekritzelt und gemalt unterm Tisch, wo es dann schon mal zu einem Lachanfall kam

Stadt, Land Fluss, der abendliche Spielestand beim Kniffel, immer war der Zettel bei der Hand.

Die Briefe an die Freundin, Geheimnisse auf seidenem Papier. Man konnte diese weiterzeigen und somit auch beweisen. Schwarz auf weiß stand alles da! War dann auch kein Geheimnis mehr.

Der erste Liebesbrief bescherte eine ganze Stunde vor dem Briefkasten! Soll ich oder soll ich nicht. Und war er eingeworfen, dann war schon mal die Seele zentnerschwer, man musste auf die Antwort warten und war die negativ oder kam gar keine, schämte man sich sehr.

Schwarz auf weiß, Tinte auf Papier, man freute sich oder litt doch sehr. Was waren das für Zeiten.

Wer schreibt der bleibt, das gilt auch heute noch

doch nicht nur auf Papier ….

Leute heute

Karla und Lotti gehen frühstücken wie jeden ersten Mittwoch im Monat. Beide sind im Ruhestand. Unfassbar ist das und während Eine den Platz freihält und die Andere vorn am Tresen dann bestellt - sind beide angekommen - in dieser Rentnerwelt.

Vor langer Zeit haben sie sich kennengelernt. Trugen damals kurze Röcke und fanden sich so schön. Hatten sich von Anfang an sehr gern – Erinnerungen, die sie jetzt beim Frühstück wieder mal erwähnen.

Lotti steht auf – die nächste Ladung Kaffee holen und Karla lehnt sich nachdenklich zurück.

Ihr Blick geht in eine andere Vergangenheit zurück. Nicht immer reimt sich alles und wiegt dann doppelt schwer. Freundschaft und gemeinsam gehen – das kann auch gut mal daneben gehen.

Doch heute Morgen hat sie ihre andere Freundin wiedergesehen und offensichtlich ist diese nicht bereit, aus Karlas Leben zu gehen.

Karla hat noch einen Augenblick, bevor Lotti zurückkommt und denkt *ich sollte springen – weit über alle meine Schatten - oder den Graben, der uns derzeit trennt. Sie endlich wieder verstehen … vielleicht schreibe ich ihr, wir werden sehen ….*

du kleine braune Nuss

Ich sitz am Küchentisch bei einem Tee
und schau dich an,
Mal dir Augen, Nase, Mund und schon
bist du ein Wichtelmann.
Ein Körper ist es, der noch fehlt, will
gleich mal schauen, was da geht.
Die Kerze brennt, ich trinke Tee, schau
dir ins Gesicht und denk
du bist so still,
willst sicher nichts erzählen
und so erzähle ich vom Tag,
was mir auf der Seele lag:
erzähle dir, der stummen Nuss, meinen
Hass, die Wut + den Verdruss.
Halte dabei deinen Kopf mit meinen
Fingern, trinke immer wieder Tee
schau dich an und bin erstaunt, wozu
so eine Nuss doch gut sein kann.

Unser Gespräch ist abrupt vorbei

die Tür fliegt auf
gefolgt von Kindergeschrei.
Meine Frau bemächtigt sich
der lieben Nuss
es knackt
sie fällt in tausend Teile
das Kind es isst
wird still für eine ganze Weile.

Ich bin erschüttert
was für ein Ende!!!

Danke für das Gespräch, du Nuss

schön dass mir
nochmal jemand zugehört hat

rundum die Nuss

der lange Hans die hohle Nuss
wollt von der Eva einen Kuss
sie faucht und sagt ihm zum Verdruss
"ich mache nichts was ich nicht machen muss"
und tritt noch heftig auf seinen Fu*SS*
"Geh lieber wieder in dein eigenes Huss
und verlang nicht immer so ein Stuss"
und die Moral von der Geschicht:
FRAGE EINE EVA NICHT

Brennend die Neugier

Ein Geheimnis will sich lüften. Was ist in der Dose? Frau Lehmann lächelt wissend und das macht mich nachdenklich. So brennend die Neugier. Ein Gefühl das niemals älter oder weiser wird

Neugier überdauert
begräbt vorher lieber
geduldig alle Gefühle
brennt aber selber
bis zuletzt

Zurück zu dieser Dose. Sie ist nicht schwer, vielleicht liegen Worte in ihr. Worte, die lange Jahre kein Licht mehr sahen, die in der Dose in irgendeiner Ecke lagen oder in einem Regal lange Jahre überstanden.

Doch heute ist es soweit – Frau Lehmann sagt, alles muss raus – und nimmt diese Dose in die Hand, hebt den Deckel, lüftet ein wenig, lächelt wieder selig und macht sie endlich auf.

Verrät somit das Geheimnis und alle Worte in dieser Dose atmen hörbar auf und schauen neugierig hinaus. Dort hinten fängt eins schon an zu brennen

Frau Lehmann schenkt mir diese Dose und ich trage sie ganz vorsichtig nach Haus ...

Der Schlüssel zu Dir

Marianne kommt nach Hause. Es ist schon spät – sie schließt die Türe auf. Nur noch raus aus den Schuhen, dem Mantel und erstmal ab in die Küche, einen Schluck Wein. Der Tag war heftig, sie will nur noch ins Bett.

Da klingelt es an der Tür – Marianne will es aber nicht hören – nimmt ihren Schlüssel und schließt die Haustür sehr geräuschvoll ab. Jetzt, so atmet sie durch, endlich Ruhe – bin doch so platt.

Am nächsten Morgen ruft ihre Schwester an. Beschwert sich, dass sie gestern Abend nicht mehr geöffnet hat. Heute möchte sie Mariannes Auto leihen, nur für heute – nur für einen Tag. Doch Marianne antwortet, dass sie den Autoschlüssel verloren hat.

Marianne will ihre Ruhe, kann die Schwester das nicht verstehen, lügt deshalb so unverfroren. Sie hat es satt

Sie will nichts, sie gibt nichts, lügt extra so unverfroren – und wenn die Schwester gleich fragt, wie es ihr geht, antwortet Marianne, sie hätte wohl den Schlüssel zu ihrem eigenen Herzen verloren.

Momente

Die Pralinen liegen in der Schachtel und Antje ist einfach nur so lustig, obwohl es in ihrem Alter doch gar nicht mehr viel zu lachen gibt.

Erzählen ja, doch Spaß gemacht wird viel zu selten. Meist redet man in diesem Alter jetzt von Krankheiten, auch die der Andern oder von den Pillen, die uns vielleicht schlanker machen. Von alter Haut und dünnem Haar. Die Schlupflieder sind ja auch noch da!

Das Sparbuch für die Zähne – das ist gut – dass sie dieses noch erwähnt – das hat die Antje nämlich nicht. Sie vertraut und baut auf ihre Zähne und hat außerdem noch ganz andere Pläne

Die Falten heute Morgen weggeschmiert hat sie sich die außerdem soeben wieder angelacht ...

beim KAFFEEKLATSCH

GlücksZeit

Anne steigt aus dem Zug. Sie kann kaum atmen, so aufgeregt ist sie. Spürt plötzlich seinen Blick und dreht sich langsam um. Er bahnt sich den Weg durch die hastende Menschenmenge. Passagiere eilen hier umher, wollen den Anschlusszug oder einfach nur heim.

Doch für Anne bleibt hier – wo sie jetzt steht – einen langen Moment die Zeit stehen. Frank hat sie nun erreicht und seine dunklen Augen versinken in ihrem leuchtenden Blick. Liebevoll erfasst er vorsichtig ihre Hände und zieht Anne überglücklich an sich heran.

So nah stehen sie zusammen und ihre Welt versinkt mitten am Tag. Die Augen geschlossen, vor Glück fast verrückt, die Nähe des Anderen körperlich spürend. Passanten hetzen vorbei + rempeln + murmeln + schimpfen.

Sie hören es nicht. So still ist ihr Glück.

Hubert K

Berta steht vor seinem Haus. Heute Morgen stand sie auf und ihr war klar, dass sie heute diesen Weg begehen muss. Leicht fällt ihr das nicht, doch steht jetzt hier und alles sieht so traurig aus. Ganz dunkel wirkt es hinter schmutzigen Gardinen. „Da schaut bestimmt nie einer raus" denkt Berta. Ein großer Blumentopf steht mitten vor der Tür. „Da fällt doch jeder drüber, der hinein will oder heraus" Der Gartenzaun aus Holz, da wächst der Grünspan drüber, alles sieht so verlassen aus.

Berta drückt die Tasche fest an ihre Brust, als wolle sie sich damit schützen. Ab liebsten würde sie flüchten und in einem gemütlichen Café einen leckeren Kaffee trinken, doch nimmt allen Mut zusammen, öffnet nun das Gartentor. Vorsichtig setzt sie Fuß vor Fuß über das vermooste und sehr glitschige Wegepflaster, steht gleich darauf vor dieser Haustür.

Ihr Herz klopft wild und laut - sie findet keine Klingel. In diesem Haus wird wohl kein Besuch erlaubt, denkt sie verwirrt, deshalb der Blumentopf im Gang und über allem diese schwere Leere. Das macht sie wild – alle diese Gedanken in sich fühlen und grenzenlose Verlassenheit zu spüren. Mit aller Kraft haut sie jetzt gegen diese morsche Tür. Sie will rein, sie will reden, sie will nicht mehr …

Nixe im Tränenmeer

Das schöne Mädchen leidet stumm.
So schön ist sie und lebt im See
bezaubernd sieht sie aus
Ihr Singen ist betörend und taucht sie
aus dem Wasser auf, setzt sich auf ei-
nen Stein, der Oberkörper von roten
Haaren ist umlegt
singt sie so schön – doch auch allein
die Flosse wippt graziös
Wer sie sieht, fällt sofort in ihren Bann
der will sie sehen, zu ihr gehen
und kommt als Wasserleiche an!
Ein Fluch der auf ihr liegt …
Schönheit zeigen
doch dabei einsam bleiben - Singen
darf sie, zum Sprechen kam sie nie, da
niemand sie erreichte, höchstens als
die vielbesungene Leiche
Die Flosse kann sie nur gebrauchen
um auf- und abzutauchen.
Manche Nacht sitzt sie oft lange und
singt so schön
doch dabei trauern ihre Klänge
sie ist verdammt
und kann noch nicht mal gehen!

Nun bin ich groß

Wann hat sie das zum allerersten Mal gedacht?

Vielleicht zum Schulanfang? Adrett im Kleidchen, weißen Söckchen und neuen Schuhen herausgeputzt, ist ihr ganzer Stolz aber der nagelneue Ranzen auf dem Rücken. Zwar noch etwas steif braucht es Jahre, bis sein Leder schimmernd leuchtet und Verschlüsse geschmeidig in die Schlösser schnappen.

Marianne wird immer größer, der Ranzen irgendwann zu alt und deshalb ausgetauscht gegen eine bunte Hirtentasche, die lässig über ihrer Schulter hängt. Der alte Ranzen muss nun auf den Speicher, gehörte zum alten Eisen und irgendwann gesellt sich die Hirtentasche auch dazu. Die Zeit vergeht. In der Berufsschule gibt es nun die Aktenmappe. Elegant und dunkelrot klemmt sie unter Mariannes Arm, bis auch sie irgendwann ausgedient in die Mülltonne fällt.

Der Arztkoffer soll der nächste sein. Er und Marianne wachsen zusammen, lassen sich selten allein. Er begleitet sie mindestens 15 Jahre und trägt geduldig all' die Zeit, was sie so braucht. Taschenleben im Kofferformat – es ist eine mächtige Zeit und jeden Tag denkt Marianne mehr, nun wäre sie groß.

Irgendjemand schenkt ihr einen Rucksack, sehr bequem zu tragen und Marianne denkt doch tatsächlich, jetzt ist sie groß. Schaut deshalb nicht zurück und bekommt so, verdeckt auf dem Rücken, täglich noch mehr aufgeladen. Aber jeden Tag denkt Marianne mehr, endlich bin ich groß.

Letzte Woche wurde Marianne 54 Jahre und überlegt:

Was ist hier eigentlich los,
wann ist man endlich groß,

es kann doch nicht nur an der Tasche
liegen …

freie Sicht

Der Tag, an dem sie geht
sollte noch ein bisschen hin sein
denn eigentlich hat sie
noch gar nichts Positives erlebt.
Traurig und verlassen
hat sie sich gefühlt
Gedemütigt und ausgenutzt
hatte sie nie Zeit
die Sonne zu berühren
Das Wort Zufriedenheit
sie gar nicht kannte
weil die Wut in ihr immer wieder
gegen die Gefühle rammte …
Spaß und Freude fühlten andere Leute
– das hatte sie verpasst -
Von Herzen konnte sie
nur Schlechtes gönnen
sich in ihren Fantasien
immer wieder gern verrennen.
Doch nun liegt sie
wie ein Baum gefällt
und denkt all' das in dem Moment

als sie geht … von dieser Welt

Vergangenheiten

Marlene macht sich Tee und steuert damit das kleine Tischchen hinten bei der Stehlampe an. Der Regen rauscht in Strömen und klopft beruhigend gegen das Dachfenster. Heimelig und gemütlich hat sie es und zelebriert nun wie jeden Tag die Nachmittagsstunde mit dem geliebten Ostfriesentee.

Jetzt öffnet sie ihre alte Bilderschachtel. Ein ehemaliger Schuhkarton beklebt mit buntem Geschenkpapier stand jahrelang ganz hinten in der Abstellkammer und heute fiel er ihr beim Aufräumen in die Hände. Dabei fällt ein kleiner Zettel heraus, nur so groß wie eine Briefmarke. Sie hebt ihn auf und dreht ihn um, darauf steht der Name ihrer besten, vielleicht jemals sogar allerbesten Freundin, Petra K, Berlin. Beim Abschied hatten sie beide so geweint, wollten sich gar nicht loslassen. Petra hatte ihr dann diesen kleinen Zettel zugesteckt.

Marlene nimmt einen Schluck Tee und lehnt sich nachdenklich zurück. Alles haben sie beide zusammen gemacht – es gab keine Geheimnisse zwischen ihnen, selbst die versteckten Chinchillas im Keller ihrer Eltern hatte Marlene ihr gezeigt und dafür jede Menge Prügel eingesteckt.

Über ihre gegenüberliegenden Balkone hatten sie jederzeit Blickkontakt, es bedurfte noch nicht mal eines Klingelknopfes, oder einer Anfrage bei den Eltern. Um geheime oder auch ungeheime Nachrichten auszutauschen, spannten sie ein Seil zwischen den Balkonen und Körbchen mit wichtigen Inhalten gingen daran hin und her.

In Zuckerschrift hatten sie sich Briefe geschrieben, die dann über einer Kerze sichtbar wurde. Der Bruder hatte ihnen irgendwann dann aus zwei Konservenbüchsen und einer Schnur ein Telefon für ihr Balkongeflüster gebaut, das sogar funktionierte.

Im Wald den ganzen Tag verschwunden, der Park war auch ein schönes

Ziel. Der Spielplatz mit der alten Lok und dem Bus Mobil. Immer was erlebt und viel geflüstert, Geheimnisse bewahrt und auf einen Kaugummi oder eine Tüte Pommes gespart. Was für eine herrliche Zeit. Marlene kann sich auf einmal so gut erinnern, als wäre sie grad mal sieben. Viele Jahre haben sie sich noch geschrieben.

Marianne nimmt noch einen Schluck Tee und widersteht der Versuchung, diesen Namen in die Google Suchmaschine einzugeben.

Behutsam legt sie den kleinen Zettel in die Schachtel zurück, in dem er jetzt seit 50 Jahren liegt.

Erzählen wir von Kinderzeit
Natur war unser größtes Zimmer
verstecken, fangen, Gummitwist
und Bäumchen-Wechsel-dich
erzählen wir von Kinderzeit
Stubenhocker mussten raus
Leseratten lagen auf den Wiesen
erzählen wir von unserer Kinderzeit
Natur war unser größtes Zimmer

Märchenzeit

Leider bin ich
nicht Schneewittchen

seufzte Prinzessin Eugenie und schaute traurig aus ihrem Turmfenster hinaus. Ihre Mutter liebte Eugenie so sehr und auch der Vater schwebte mit seiner unendlichen Fürsorge ständig über ihr. Heute würde man sie Helikopter Eltern nennen, aber deshalb hätt' die Prinzess das damals auch nicht besser verstanden. Diese alles überspannende Liebe ihrer Eltern gab der Prinzess keinen eigenen Raum zum Leben und so sehnte sie sich nicht nur manchmal nach Freiheit und Abenteuer und vielleicht sogar nach einer bösen Stiefmutter.

Unten sah Eugenie jetzt auf ihren Bruder, Prinz Harry. Er ritt gerade mit seinem Gefolge aus, denn es ging auf die Jagd und Eugenie sah nun noch trauriger aus. Sie schleuderte wütend ihren verhassten Stickrahmen mit der so überflüssigen Weißstickerei an die Wand und floh aus dem Zimmer, rannte die Turmtreppe hinauf und schaute oben von den Zinnen auf den grünen

Wald, in dem die Reiter jetzt gerade hinter der Lichtung entschwanden.

Ein Lufthauch wehte an ihr vorbei und Eugenie schaute neugierig nach oben. Ein riesiger Rabe flog über ihren Kopf und als er sah, dass sie sich nicht schreckte, landete er in sicherer Entfernung und schaute ebenfalls in den Wald. Auch die Prinzessin setzte sich auf die Mauer und schaute verwundert den Vogel an: „Du hast es gut", ihr kommen sogleich die Tränen. „Sieh' mich an, ich sitze nur hier oben, kann aber nicht fliegen, darf nie wohin und schon gar nicht hinaus. Die Eltern passen auf mich auf, weil sie mich lieben und das verstehe ich auch."

Der Vogel schaute zu ihr herüber und sah sie nachdenklich an: „Komm, ich zeige dir die Freiheit, die du dir wünscht", setzte er mit Reden an.

Eugenie war verwirrt, doch zeigte keine Angst, denn:

Sie leben ja alle hier im Märchen, einem herrlichen Land. Gleich kann sie fliegen, weil der Vogel sie trägt. Auf einen Schwingen - in eine ganz andere Welt. Vielleicht fliegt er sie in den Süden und sie heiratet einen Kalifen und läuft in goldenen Schuhen und hat den ganzen Tag über lustige Dinge zu tun.

Und wenn ihre Eltern dann weinen, weil niemand weiß wo sie steckt, erscheint vielleicht der Teufel, der es ihnen dann verrät. So kommt der Bruder geritten und holt sie zurück, holt sie aus goldenen Schuhen und dem wunderschönen Orient.

Doch das ist dann
wieder ein Märchen
– ein anderes –
das noch niemand kennt …

Fräulein Rottenmeier

klingelt bei Pippi an der Tür. Ein fröhliches Mädchen öffnet gutgelaunt die Tür und bietet ein seltsames Bild mit ihrem geflickten kurzen Kleid und zwei kunterbunten unterschiedlichen Strümpfen.

Fräulein Rottenmeier verzieht kurz den Mund, aber versucht, ihren Unmut zu unterdrücken. Mit klarer aber schriller Stimme bittet sie höflich, Pippis Toilette benutzen zu dürfen. Die Situation schlimm genug, ist ihr auch gerade noch der Bus vor der Nase weggefahren.

„Na klar" lacht Pippi und bittet sie übermütig herein.

Ach je, da steht ein Pferd auf dem Flur und ein Affe schwingt von Tür zu Tür. Fräulein Rottenmeier weicht entsetzt zurück und einer Ohnmacht nah

hetzt sie davon …

Die rote Zora

betrachtet ihre schmutzigen Fingernä-
gel und steckt die nackten Beine unter
ihr zerschlissenes Kleid denn es ist
schon ziemlich kühl geworden. Ihre
grünen Augen betrachten mich und mit
einer überlegenen Geste streicht sie die
wilden roten Haare zurück und grinst
mich an.

Ich zupfe verlegen an meiner sauberen
und ordentlichen Kleidung, weiche aber
ihrem Blick nicht aus. So starren wir
uns an und dann beginnt sie zu reden

- du willst so sein wie ich es bin

- du wärst gern frei -
- ich lebe wie ein Vogel

- du möchtest keine Regeln
- ich kann noch nicht mal lesen

- mir sind die Leute einerlei
- du wagst nur mal daran zu denken

- Du möchtest aber essen
- ich muss das an manchen Tagen auch
  vergessen

- du willst warm schlafen
- ich habe noch nicht mal eine Decke

- geh wieder heim
- du sollst so sein, wie ich niemals
  werden mag

Dafür bin ich
ja auch nur aufgeschrieben
denn deine Fantasie
erweckte mich zum Leben

Zeitlos

7.00 in der Früh.
Hannah schlurft im Bademantel zur Küche. Dunkel ist es, still ist es, nur der Zeiger der Küchenuhr tickt laut. Zu laut für Hannahs Geschmack. Der Kaffee läuft und im Radio laufen zeitlose Schlager:
Hannah dreht sich eine Zigarette und seufzt laut auf. Sie ist allein – niemand da, mit dem sie sich den ersten Kaffee am Morgen teilen *müsste*. Kein Gefährte, kein Freund, niemand aus vergangenen Zeiten – oft kommt es ihr vor, als habe sie alles alleine überlebt und jetzt hat sie nur noch ihre Gedanken.
Mit dem Ticken der verstaubten Küchenuhr sitzt sie am Tisch und zieht an ihrer Zigarette… Die Schlagerparade läuft leise im Hintergrund „pack die Badehose ein...“
Heute wäre eine gute Zeit, sich wieder mal zu waschen denkt sie und schlurft in den uralten Pantoffeln wieder zurück ins Bett. Zeit genug hat sie ja – nichts läuft ihr mehr weg!

Kostbarkeiten

Frau Junghans seufzt zufrieden und zieht den weißen Kittel aus. Soeben hat sie die Apotheke zugeschlossen und muss nur noch die Kasse machen. 18.00 Uhr ist es genau, denn auch im Feierabend muss man pünktlich sein und während Sie die Kasse stürzt, überschlagen die Gedanken nochmal das Warensortiment.

Die Appetitzügler sind schon wieder aus. Der Renner im Moment und die Reklame gehört ins andere Fenster. Herr Wipper kaufte heut mal wieder ein ganzes Sortiment verschiedener Kondome und auf der Packung steht „probieren Sie sich aus". Frau Junghans muss nun grinsen und lässt der Fantasie gleich freien Lauf.

Und Gerti, ihre Nachbarin erbittet so verschämt die Hämorriden Salbe , doch als Frau Junghans diese dann wie selbstverständlich freundlich lächelnd reicht, erzählt sie ihr gleich gerne von dem „Gejucke" – nein, Schluss – das reicht!

Die Geldkassette schnappt jetzt zu. Der Tag war gut – Frau Junghans ist zufrieden, da klopft es an der Ladentür – der Steinmetz ist erschienen und hat seine Leute mitgebracht. Die Apothekerin strahlt und freut sich wie ein Kind. Ihr Traum – er wird erfüllt, wo sie den ganzen Tag doch hier im Laden steht, will sie doch auch mal Schönes sehen. Der Laden – ruckzuck sind die Regale weggeräumt, denn übers Wochenende wird der Boden neu verlegt im Ladenraum. Azul Bahia- ein Traum von Material, jedoch der Alp im Preis. Aber als die ersten Fliesen liegen, kann Sie vor Glück nicht wieder wegsehen.

Und was Frau Junghans gar nicht weiß – auch der Steinmetz beginnt in dem Moment sein Meisterstück – so kostbares Material verlegen nennt man Glück

Sternstunden eben … oder wie das heißt

Weihnachten

(k)ein Auftritt
als Weihnachtsbaum

Rostbratwürste, süße Mandeln, Glüh-wein-Punsch. All' diese Gerüche wehen über den kleinen Weihnachtsmarkt. Ein Nikolaus stiefelt durch die Menschen-menge, zieht Kinder an, verteilt kleine Geschenke.

Drei Tannen lehnen am Zaun. Noch nicht verkauft, stehen sie heute am Heiligabend immer noch hier und schauen verzweifelt in die Menschen-menge. „Uns will keiner haben" jam-mert jetzt die eine. „Schaut uns doch an. Wir sind zu klein, die Spitze ist zu lang und unser Tannenkleid ist spärlich anzusehen".

Der Weihnachtsbaumverkäufer hat ge-nug. Er will nach Hause gehen, sich auf den Heiligabend freuen und hat noch nicht mal Lust, die drei noch mitzu-nehmen und lässt sie einfach stehen.

Da stehen jetzt die Tannen, der Markt wird immer leerer, doch niemand nimmt Notiz von ihnen, sie bleiben einfach stehen. Der Markt, er schließt, der Platzwart macht die Lichter aus, doch halt – er stoppt – und sieht dort hinten die drei Bäume stehen. Verlassen, traurig sehen sie aus. Kurz denkt er nach: „man hat sie sicher stehen lassen, besonders gut sehen sie ja auch nicht aus.

So holt er seine Karre und sackt die drei schnell ein, macht danach alle Lichter aus. Leer ist der Markt, alle sind sie jetzt Zuhaus' und möchten fröhliche Weihnachten feiern.

Auch er freut sich, wollte eigentlich gar keinen Baum. Doch jetzt hat sich das so ergeben, wo ist eigentlich der Weihnachtsschmuck geblieben?

Seine Nachbarin hat nicht viel Geld. So hat er ihr den zweiten einfach vor die Tür gestellt. Dieses Jahr wollte sie sich keinen leisten, hat sie ihm erzählt.

Jetzt gerade schmückt er selber seinen unverhofften Weihnachtsbaum. Die Lichterkette lässt ihn strahlen, besinnlich wird der ganze Raum. Er summt und freut sich, denkt auf einmal an den dritten Baum.

Im Eingang hatte er ihn abgestellt und dann vergessen. „Was mache ich denn mit dem?". Er überlegt, will nach ihm sehen - der Baum ist weg!

Zufrieden holt er sich ein Bier und setzt sich vor den schön geschmückten Baum, den er nicht wollte, denkt an die Nachbarin, die keinen kaufen konnte.

Er kann in ihre Wohnung sehen und sieht den zweiten Baum da leuchtend stehen.

Der Dritte, was der wohl macht? Er trinkt einen Schluck vom Bier und weiß, auch der wird sicher gerade schön gemacht.

Weihnacht
macht sich b(e)reit

Kein Stern am Himmel, die Nacht so dunkel. Julia steht am Fenster und raucht noch eine Zigarette. Seit Tagen geht kein Telefon und Ewigkeiten hat niemand mehr an ihrer Haustür geklingelt. Sie seufzt – auch die Nacht und sie – sind wie immer ganz allein. Endlos ziehen sich ihre Tage. Sabine verlässt nie mehr ihr Haus, doch morgen muss sie raus. Ein Termin bei ihrer Bank lässt sich jetzt wirklich nicht mehr verschieben. Sie drückt die Zigarette aus im Morgengrauen und wünscht sich ganz weit weg.

Doch als ihr Wecker klingelt, ruft der sie in das Leben zurück. Eine Stunde später tritt sie ängstlich aus dem Haus heraus und macht sich auf den Weg. Niemand nimmt Notiz von ihr und merklich sicherer verändert sich ihr Gang. Überall nur Lichter und Glockenklang. Verwundert nimmt Sabine diese Stimmung auf, fühlt sie bis in ihre Seele, sieht sich geborgen und folgt ins-

tinktiv den Menschen, die an ihr vor-
beiströmen. Erst im Dom kommt sie
wieder zu sich und lauscht den Klängen
des Weihnachtschors, steht zwischen
Menschen, die sich alle gar nicht ken-
nen, doch fühlt – dass sie dazugehört.
Unbändig das Gefühl in ihr – alle möch-
te sie umarmen, ein warmes Gefühl
steigt in ihr auf.

Sie schaut nach rechts. Da steht der
Banker neben ihr und lächelt sie breit
an. Nimmt ihre Hand und drückt sie
zart und sagt – Entschuldigung, ich bin
unmöglich und sage mal, ich habe mich
vertan. Einen Termin zwischen Weih-
nachten und Neujahr macht man nicht,
aber ich freue mich, so trifft man sich

...

Fast am Ende
noch ein paar Gedanken

In der Schreibwerkstatt
Melancholie ist das Glück der Depression

Es geht um das Thema Glück – und Luna sitzt endlich mal wieder neben mir. Die erste Runde total schräg - *wir* fallen komplett aus dem Raster, denn die Luna hängt sich gleich hintendran mit ihrem UnglücklichSein. *Wir* erleben uns in der Melancholie, erkläre ich der Runde und alles lacht…. der Überschriftensatz geworfen in den Raum und alle lachen immer mehr, wir werden es euch erklären – mehr sage ich nicht mehr.

Die kleine Marianne sitzt in ihrem Zimmer auf der Fensterbank und aus dem Radio ertönen leise Klänge. Sie denkt mal wieder nach und schaut verträumt durchs Fenster. Auch heute ist so vieles wieder schief gegangen. Die schlechte Note in der Schularbeit, die Eltern haben sie bei irgendwas erwischt, die blöden Brüder haben sie verpetzt, die beste Freundin hat so schlecht geredet.

Ewig läuft alles anders als Marianne es

sich wünscht. Doch wenn das so ist, findet sie ihren Raum, zieht sich zurück, beginnt zu träumen: Die Musik trägt sie weg von hier – dort kann Marianne leben, atmen und verweilen. Kurz gesagt – die Traurigkeit lädt dazu ein.

Marianne wird älter, das Leben nicht viel leichter. Auch noch nach Jahren läuft häufig sehr viel schief. Doch dann kommt immer wieder die Traurigkeit vorbei und zieht sie in den Raum, der ganz viel Kraft von innen gibt. Dort kann sie träumen, atmen, leben und verweilen.

Mit dieser tatkräftigen Unterstützung der Traurigkeit gelingt es ihr, ein ganzes langes Leben so zu meistern und in den schiefen Lagen ihres Lebens niemals unterzugehen.

Aber eines Tages hat Marianne richtig Glück. Sie trifft auf Luna. Die beiden kennen sich nicht, es ist ein Stammtisch und die beiden finden sich, reden bereits in den ersten Sätzen über ihre Schreibeslust. Doch es sollte noch ein ganzes Jahr vergehen, bis sie sich mit schweißnassen Händen in einer Schreibwerkstatt einfinden.

Seitdem kann dort jetzt jeder hören, wie sie träumen, atmen und verweilen…

Danke Schreibwerkstatt!!

Auch ihr habt uns Flügel gezeigt, mit denen man immer wieder aus diesem Leben davon fliegen kann.

…..

Andrea Ade

Momente

Die Pralinen liegen in der Schachtel und Antje ist einfach nur so lustig, obwohl es in ihrem Alter doch gar nicht mehr viel zu lachen gibt.

Erzählen ja, doch Spaß gemacht wird viel zu selten. Meist redet man in diesem Alter jetzt von Krankheiten, auch die der Andern oder von den Pillen, die uns vielleicht schlanker machen. Von alter Haut und dünnem Haar. Die Schlupflieder sind ja auch noch da!

Das Sparbuch für die Zähne – das ist gut – dass sie dieses noch erwähnt – das hat die Antje nämlich nicht. Sie vertraut und baut auf ihre Zähne und hat außerdem noch ganz andere Pläne

Die Falten heute Morgen weggeschmiert hat sie sich die außerdem soeben wieder angelacht …

beim KAFFEEKLATSCH
in der Schreibwerkstatt

Außerhalb der Norm

Ein *Schriftbild* erstellen
über ein ganz kleines Licht
das nie gehofft hat
sondern immer nur geglaubt
an sich und an die eigene Stärke
doch jetzt wird es so furchtbar laut ….
muss das selber erstmal akzeptieren

Wege ebnen - denn eben sind sie nie

Danke für Eure Zeit

AndreaAde

www.die-vanga.de

Wege zu dir - über Lebenssteine fällt man nicht

Such' ruhig nach dem Licht
doch verlier dich dabei nicht
nur ein paar Lebenssteine
hast du in der Hand
und die müssen reichen
für dieses Lebensland

Andrea Ade

ISBN 978-3741280696

Novemberzeit

Das innere Land !
Bis an alle Grenzen gegangen,
das ganze Leben liegt im Nebel,
der Sinn hat sich dort aufgehangen,
baumelt traurig jetzt am Seil.

Ein Buch für Menschen, die nicht mehr traurig sein
wollen oder sollen.

ISBN 978-3735794666

MS + Fatigue

"Aussehen wie das blühende Leben, doch in mir
herrscht Novemberzeit"

Texte und Gedanken von der Seele geschrieben zum
Weitergeben und verstehen. Das wünscht sich die
Autorin - mehr Verständnis im Umgang mit dieser
Krankheit und deshalb dürfen ihre Texte nun
spazieren gehen

ISBN 978-3735740069

Fatigue - MS Gefährte

Andrea Ade

Fatigue
MS-Gefährte

Gedanken und Gedichte

Das Leben ist kein Gedicht, aber man kann welche daraus machen. Gedanken ohne Schranken, rund um die Fatigue:
Du bist zwar bunt
Doch lebst schwarz-weiß
Dein Leben liegt auf Eis

Texte wollen Mut geben und helfen, Situationen zu verstehen, versuchen in jedem Tag ein Morgen zu sehen.

ISBN-13: 978-3842349049

Elfchen schreiben

Andrea Ade

Elfchen schreiben

wenn Worte tanzen lernen

Elfchen - Wortspielereien oder Kurzgedichte - nach
Themen gegliedert, auch mal abweichend von der
strengen Formvorgabe, möchten die Freude an dieser
Gedichtform vermitteln, abgerundet durch einen
Adventskalender voller Elfchen, Haikus, kurzer Ge-
danken und kleiner Gedichte

ISBN-13: 978-3738606898